COUP D'ŒIL

SUR L'EUROPE.

COUP D'ŒIL

SUR L'EUROPE,

A PROPOS DU CONGRÈS.

PAR A. CARRION-NISAS, FILS.

PARIS,

CHEZ LES MARCHANDS DE NOUVEAUTÉS.

1822.

AVANT-PROPOS.

Un congrès s'ouvre ; trois grands objets vont l'occuper : l'état général de la révolution européenne, celui de la révolution espagnole en particulier, et l'état de la Grèce.

Il est utile, ce nous semble, d'examiner avec quelque détail ces trois situations, si l'on veut prévoir l'issue des délibérations du Congrès, juger du genre et du degré d'impulsion qu'il saura ou voudra imprimer à la marche des choses, et en même temps apprécier les divergences éventuel-

les des cabinets et les querelles qui peuvent surgir du sein des questions traitées
à Vérone.

COUP D'ŒIL SUR L'EUROPE.

§. 1er.

De la Révolution Européenne.

QUOI qu'en disent certains esprits superficiels ou de mauvaise foi, les révolutions ne sont point l'ouvrage de quelques hommes turbulens et ambitieux, habiles à soulever les passions populaires, à exciter l'envie et la haine contre les supériorités sociales les plus légitimes, à renverser les gouvernemens et à bouleverser le monde, pour ne servir que leurs propres intérêts ; à faire enfin des nations, leurs dupes et leurs victimes.

Sans doute, il se glisse beaucoup de ces hommes dans toute révolution, mais ils font simplement partie de ses instrumens et de ses auxiliaires ; ils ne sont point ses moteurs. Si la cause des grands changemens politiques est en eux, comment se fait-il que les nations aient des intervalles de tranquillité ? La nature produit dans tous les pays et dans tous les temps, la même quantité de ces esprits inquiets : pourquoi restent-ils dans l'inaction pendant de si longs périodes, s'il ne dépend que d'eux de détruire toujours tout ce qui existe ?

Et qu'on ne dise pas que les révolutions n'arrivent que sous les gouvernemens doux et paternels, et qu'un gouvernement despotique, qui sait surveiller et comprimer ce petit nombre d'individus factieux par nature et par besoin, ne peut être renversé, quels que soient, d'ailleurs, son système d'administration et sa conduite envers ses sujets. L'histoire est là pour démontrer la fausseté de cette assertion.

On doit donc forcément chercher une autre origine, des causes plus profondes à ces mouvemens irrésistibles, à ces catastrophes décisives qui renouvellent par fois la face du monde.

Pour qu'un gouvernement puisse durer, il faut qu'il soit *l'expression de l'état de la société*; et quand cet état change, il faut, de gré ou de force, que le gouvernement change avec lui.

Lorsque les chefs de nation dénués de prévoyance et de raison, pleins d'entêtement et d'orgueil, ne veulent point accommoder les institutions aux modifications qui s'opèrent de temps en temps, dans la distribution des richesses, des lumières et dans les mœurs nationales ; le nouveau gouvernement qu'ils refusent *de faire* , *se fait* de lui-même; la société donne à ses institutions la forme dont elle a besoin et les crée à son image ; les révolutions s'opèrent alors de bas en haut. Quand les chefs de nation sont sages et éclairés, elles s'opèrent, au contraire, de haut en bas; c'est ce qui arriva parmi nous, sous Louis-le-Gros et S. Louis, sous Philippe-le-Bel, sous Charles VII, sous Richelieu. A ces époques et à plusieurs autres, il y eut en France de véritables révolutions ; mais les institutions changèrent sans secousse violente, sans troubles civils , parce que les hommes d'état qui présidaient à nos destinées transigèrent avec l'intérêt public, et les besoins généraux , au mépris des intérêts particuliers qui s'agitaient pour rendre le gouvernement stationnaire et l'empêcher de suivre la marche de la civilisation.

Comme on avait vu, aux quinzième et seizième siècles, les progrès de l'industrie des villes; la distribution plus égale des propriétés foncières, la découverte de l'Amérique, celles de l'imprimerie, de la boussole, des armes à feu , et les guerres de religion porter successivement les derniers coups au régime féodal et théocratique; on vit, plus tard, les nouveaux progrès de l'esprit d'examen et des idées positives, de l'industrie manufacturière et du commerce, saper peu à peu et presque partout, l'édifice de la monarchie absolue et aristocratique.

Aux approches de la révolution française, le système féodal et théocratique n'était plus en vigueur que dans la Russie et la Pologne; et le système despotique et aristocratique ne conservait de force qu'en Autriche. Dans le reste de l'Europe, l'état de la société demandait impérieusement le règne de la liberté et de l'égalité; l'ère des gouvernemens représentatifs était arrivée.

Notre révolution eut lieu. Il était impossible qu'elle ne fît point de fautes : elle en fit; la plus grande fut, sans contredit, la division qui se mit entre les défenseurs de la révolution, et qui les rendit suspects les uns aux autres. Ils n'avaient pas assez senti que le nombre et l'union sont les seuls élémens de la force.

Les Girondins donnèrent le signal de ces discordes, et leur fatale scission nécessita le 31 mai, qui nécessita le 9 thermidor, lequel nécessita le 18 fructidor, qui, à son tour, nécessita le 18 brumaire; car chaque fois que le parti des républicains modérés l'emportait, les hommes qui voulaient la contre-révolution, se glissaient dans leurs rangs, les poussaient aux réactions les plus funestes à la cause nationale, et mettaient bientôt la révolution en péril; chaque fois, au contraire, qu'effrayés de la tendance contre-révolutionnaire, les citoyens recouraient aux républicains rigides, on voyait soudain leurs rangs se grossir d'un certain nombre d'hommes dont les doctrines perfides, les violences calculées et salariées par l'étranger ou par des traîtres, discréditaient la révolution et dépopularisaient les idées de liberté.

Fatiguée de ces secousses intestines et périodiques, la nation essaya de se reposer dans la victoire et dans le fracas des événemens extérieurs. Elle portait au dehors ses armes et ses principes, et ils étaient reçus partout comme des amis long-temps attendus,

Un homme parut dans ces camps où tout parlait de gloire et de liberté : il feignit d'aimer la liberté et ne fut épris que de la gloire ; habile à dissimuler, il conquit la dictature; et à peine s'en fut-il emparé, qu'il se dévoila tout entier et opéra la contre-révolution ; il pouvait être le Washington de la France et de l'Europe : on ne saurait expliquer comment son génie ne s'accommoda point d'un tel rôle et par quelle erreur, cruelle pour tous et pour lui-même, il préféra ressusciter notre ancien régime et imiter en tout les rois qu'il avait vaincus.

Le résultat de ses expéditions militaires n'étant plus que de donner des trônes à ses frères et à ses généraux, l'Europe qui nous avait d'abord regardés comme ses libérateurs, ne vit plus en nous que des oppresseurs impies et que des conquérans vulgaires.

Dans l'intérieur, Napoléon commença par asservir la presse et par rendre la représentation nationale illusoire et dérisoire, afin d'étouffer toute discussion publique des intérêts publics; non qu'il crût, comme il a affecté de le dire, que les Français fussent *ingouvernables* avec la liberté de la presse et de la tribune; il savait trop bien que la tribune et la presse ne peuvent rien contre un gouvernement dévoué aux intérêts généraux; qu'elles ajoutent même à sa force, à sa popularité; que l'écriture et la parole sont des armes qui servent à la défense comme à l'attaque, et qu'il faut pouvoir maintenir les gouvernemens, malgré l'invention de l'imprimerie, comme il faut pouvoir faire la guerre, malgré l'invention de la poudre à canon; mais il savait aussi qu'il ne ferait la contre-révolution que par surprise, et qu'il ne rétablirait rien de la monarchie de Louis XIV, si une seule voix avait la faculté d'expliquer ses actes à la nation, d'en montrer la tendance et l'esprit et d'en prophétiser les résultats.

Tous les faux frères de la révolution, tous ceux qui n'avaient détruit l'ancien régime que pour le reconstruire à leur profit (1), devinèrent ses projets et les encouragèrent, tandis que quelques amis éclairés et patriotes lui donnaient de sages avis qu'il méprisa presque toujours.

Les partisans de son système de gouvernement, se recrutèrent bientôt de tous les contre-révolutionnaires déclarés, qui, en attendant le retour de la troisième dynastie, aimaient mieux s'enchaîner au char de la quatrième que de bouder un état de choses si conforme à leurs principes politiques.

Le reste des classes supérieures et les classes intermédiaires, pour qui et par qui la révolution avait principalement été faite, se désintéressèrent de la cause impériale dès qu'elles virent que le résultat de cette révolution tant désirée n'avait encore été que de remplacer un monarque absolu par un monarque absolu, des titres héréditaires

______

(1) Nous avons entendu des Bonapartistes répéter avec admiration ce mot de l'un d'eux : « L'ancien régime était bon ; le personnel seul était à changer. »

par des titres héréditaires (1), des substitutions
par des majorats, les édits bursaux et les lits de
justice par un corps législatif muet et impuissant,
une censure préalable et universelle des livres par
une censure toute pareille, une maison militaire
par une garde impériale, une grosse armée permanente par une armée permanente trois fois
plus forte, un clergé papiste par un concordat, des
jésuites par des frères de la doctrine chrétienne,
des tribunaux sans jury par des tribunaux avec un
jury du choix de l'autorité, les lettres de cachet
par notre code d'instruction criminelle et les in-
tendans par des préfets.

Quant aux classés inférieures, elles restèrent
fidèles à Napoléon, parce que sa contre-révolution ne les avait pas encore atteintes, parce qu'elles
trouvaient dans les camps l'égalité des services et
des récompenses, parce qu'il ne les avait pas encore inféodées à ses généraux et à ses chambel-
lans, parce qu'il n'avait ni rétabli les communau-
tés d'artisans et la dîme, ni essayé de rendre au
clergé les biens dont il avait été dépouillé et qui
faisaient l'aisance de nos campagnes.

(1) Nous entendons des gens louer beaucoup Napoléon de ce
que le nombre de ses nobles n'était pas limité ; mais celui des
anciens nobles ne l'était pas non plus, et la révolution avait voulu
supprimer les distinctions *héréditaires* , rétablies par Napoléon.

Napoléon était donc, pour ces classes, mais pour ces classes seulement, la continuation de la république. Le reste des Français se tut devant les baïonnettes qui l'entouraient, mais ne fit rien en sa faveur au jour du péril, et même le vit tomber avec joie.

Quelle leçon sa chute donnait aux gouvernemens de l'Europe!

La plupart d'entre eux résolurent de ne pas en profiter, et se coalisèrent contre les idées libérales, après les avoir un moment caressées pour se populariser, pour déterminer plus efficacement leurs sujets à leur prêter main-forte contre Napoléon, pour exciter l'enthousiasme des nations en leur présentant la liberté comme le résultat certain de l'indépendance.

On sait ce qu'ont amené ces espérances déçues et cette ligue des cabinets contre les tendances de la société.

Voilà vingt ans que Napoléon a mis l'Europe aux prises avec une contre-révolution : tous les troubles, tous les changemens, toutes les conspirations et les révoltes qui ont occupé la scène politique durant ces vingt années, ne sont que des incidens du grand drame dont Napoléon a créé l'action et les principaux personnages. L'Europe n'a pas subi une servitude, n'a pas éprouvé une guerre civile dont elle ne lui soit redevable.

Mais la contre-révolution n'a eu lieu qu'à la surface de la société européenne; que dans les institutions et les volontés des gouvernans: les idées libérales ne sont pas une affaire de mode, un caprice des peuples, une fantaisie éphémère; la preuve qu'elles ont de profondes racines dans les mœurs, dans les besoins, dans les intérêts généraux, c'est qu'elles ont grandi, c'est qu'elles se sont étendues et fortifiées malgré les persécutions successives et si diverses, qui les ont assaillies d'un bout de l'Europe à l'autre; leurs ennemis conviennent eux-mêmes que ce qu'ils appellent les *mauvaises doctrines* font chaque jour de nouveaux progrès; les moyens extraordinaires de compression adoptés par les gouvernemens de Madrid et de Lisbonne, depuis 1814 jusqu'en 1820, n'ont point empêché le triomphe de la Constitution des cortès; les commissions inquisitoriales et les forces militaires organisées en Prusse, en Allemagne et en Italie, contre les opinions dominantes, n'ont eu d'autre résultat que d'investir les gouvernemens d'une surveillance fatigante et d'épuiser les trésors des monarques, obligés de conserver, depuis la paix, la même quantité de troupes qu'auparavant.

Chose admirable! les gouvernemens alliés ont maintenu, avec le plus grand soin, l'état de paix, prévoyant bien que s'ils se brouillaient entre eux,

les idées libérales feraient irruption et vaincraient
à la fois toutes les armées belligérantes; ils sem-
blent avoir rendu par cette politique, de grands
services à la contre-révolution; et cependant l'état
de paix, en ajournant, il est vrai, le triomphe des
idées libérales, ajoute à leur force réelle, et s'il
rend leurs progrès un peu plus lents, il les rend
aussi plus sûrs.

La paix multiplie les communications entre
les peuples; or, les peuples n'échangent pas seulement des produits; ils échangent en même temps
leurs principes; la pensée générale s'enrichit sans
cesse par la circulation facile et instantanée de
toutes les pensées particulières; les lumières et les
richesses s'accroissent parce que les peuples ont
plus de loisir pour s'instruire et pour travailler, et
les richesses et les lumières enfantent toujours la
liberté.

Sous Napoléon, presque tous les jeunes gens
de l'Europe étaient entraînés dans les camps avant
d'avoir pu former leur raison et éclairer leur esprit; tous étaient forcés, ou de porter la guerre
chez leurs voisins, ou de s'armer pour défendre
l'indépendance de leur territoire; la guerre et les
catastrophes politiques dont elle était la cause ou
l'occasion, empêchaient que les peuples s'occu-
passent de leurs affaires intérieures, de leurs dé-

2

mêlés avec leurs gouvernemens; la conquête pour
les uns, la résistance pour les autres, remplis-
saient le temps qu'ils eussent donné au soin de
leur liberté; les énormes consommations d'hommes et d'argent que la guerre exigeait, les haines
nationales qu'elle engendrait ou qu'elle rani-
mait, avaient absorbé presque toute l'activité
morale des nations.

Ce furent ces puissantes diversions données à
l'esprit du siècle, qui servirent tant le despotisme
et la contre-révolution; ce fut là ce qui livra momentanément la civilisation à un état stationnaire,
que les esprits superficiels purent prendre pour
un état rétrograde.

Aujourd'hui, elle a repris sa marche, que rien
ne saurait arrêter.

§ II.

De la révolution d'Espagne.

La révolution européenne présente un caractère général, dans toute la portion de l'Europe qui lui sert de théâtre, et cette portion comprend tout le continent, excepté l'Autriche, la Hongrie, la Pologne et la Russie, où le régime en vigueur ne pourrait être remplacé que par des républiques aristocratiques, plus funestes que les monarchies actuelles.

La révolution reçoit, en outre, des caractères particuliers dans chaque pays, selon le besoin qui se fait le plus vivement sentir à chaque peuple, selon le genre d'oppression qui pèse le plus sur lui, ou dont il s'est récemment affranchi avec le plus d'ardeur.

La révolution européenne veut l'égalité devant les lois civiles et criminelles, pour les personnes et les propriétés ; l'égale admissibilité à toutes les fonctions honorables et à la jouissance des avantages sociaux ; l'égale répartition des charges publiques ; la libre disposition de toutes les propriétés, le libre exercice de toutes les industries, le libre vote de l'impôt, la sécurité individuelle et la libre discussion des opinions politiques et religieuses : voilà les grands objets qu'elle poursuit et qu'elle obtiendra partout, soit sous la forme monarchique, soit sous la forme républicaine ; voilà son caractère général ; voici ses caractères particuliers.

En Suède et en Prusse, elle est principalement dirigée contre le despotisme militaire ; en Allemagne, en France et dans quelques autres pays, contre les prétentions aristocratiques ; en Angleterre, contre les substitutions et le droit d'aînesse qui, en détruisant la libre disposition des propriétés, a fini par mettre le sol en monopole dans un très-petit nombre de mains.

En Grèce et en Portugal, elle a pour premier but l'indépendance nationale ; la même pensée agite l'Italie.

Enfin, en Espagne, la révolution a eu surtout en vue la chute du despotisme royal et du despotisme religieux qui, dans ce malheureux pays, avaient tous deux été poussés à l'excès et dépassé toutes les limites connues

Ces deux genres de despotisme se faisaient sentir également à toutes les classes de citoyens ;

voilà pourquoi l'insurrection de l'île de Léon prit des développemens si prompts et si complets ; voilà pourquoi la noblesse elle-même est presque toute entiere dans les rangs de la révolution.

Le seul privilége réel de la noblesse espagnole consistant dans les majorats, les cadets de famille, qui n'étaient point indemnisés de cette injuste distribution des fortunes par d'autres prérogatives, sont nécessairement dévoués au nouveau régime.

L'inquisition et le haut clergé régulier étendaient leur oppression jusque sur les membres du clergé séculier ; en revanche, ces derniers se montrent, en général, amis du système constitutionnel.

Les moines faisaient vivre, par l'immense quantité d'aumones qu'ils distribuaient à la porte des couvens , une portion considérable de prolétaires ; mais cette clientelle leur est enlevée par les distributions de terres que le gouvernement des Cortès vient de faire aux paysans, et par les arts industriels qui se perfectionnent aujourd'hui dans la péninsule et qui s'y propageront avec la liberté.

Enfin les Cortès ayant eu l'habileté de transiger avec la superstition générale, et ayant pro-

clamé l'intolérance religieuse, les classes inférieures ne peuvent voir dans les constitutionnels
des ennemis du catholicisme ; et lorsque des
moines les excitent à s'armer *pour la défense
de la Foi*, les curés montent en chaire et lisent
l'article 12 de la constitution (1).

Telles sont les causes par lesquelles la révolution espagnole se présente à l'Europe sous
un aspect de force et d'unanimité inconnu jus-
qu'ici.

Comme avant qu'une nation se crée *un mode
d'existence*, il faut *qu'elle soit*, et que, par con-
séquent, l'independance nationale est le premier
bien à conquérir, les ennemis actuels de la constitution ont combattu sous les bannières consti-
tutionnelles pendant la guerre contr Napoléon ;
à cette époque, ils ont triomphé ; car il est
écrit sur ces bannières : *In hoc signo vinces.*

Mais maintenant, de quoi se compose leur
force ? de quelques paysans fanatiques, égarés
par des moines ambitieux ; des brigands, des con-

---

(1) « La religion de la nation est *et sera* perpétuel-
lement la religion catholique, apostolique, romaine,
seule véritable. La nation la protége par des lois sages
et justes, et prohibe l'*exercice de toute autre*. »

trebandiers, qui avaient pullulé dans les monta-
gnes des Pyrénées, sous la mauvaise police du
gouvernement absolu; de quelques aventuriers
étrangers, excités par l'appât du pillage; enfin de
quelques vieux courtisans désappointés par la révolution, et plus propres à rédiger des bulletins
emphatiques, qu'à organiser et conduire des
armées.

Le congrès prendra-t-il parti pour cette poi-
gnée d'intrigans et de factieux, contre la nation
espagnole? Cela n'est pas probable.

Mais supposons que les cabinets du continent
adoptent cette bizarre résolution; supposons que
l'Angleterre n'y mette point obstacle, et que
par-là elle donne à l'Autriche et à la Russie, en
cas de succès contre l'Espagne, l'espoir d'annuller
l'influence anglaise en Europe, et de ressuciter
le blocus continental; supposons que les cabinets
alliés, qui tous ont déjà fait des emprunts oné-
reux, se résignent à en faire de nouveaux pour
porter la guerre dans la péninsule : qu'en arrive-
ra-t-il? quels avantages pourront-ils en retirer?

S'ils sont vaincus et repoussés dès le principe,
ou si l'Espagne fait une durable résistance, ils
subiront le sort de Napoléon : cette résistance,
dont l'Espagne aura donné l'exemple, s'étendra
peu à peu sur tous les points du continent, et

bientôt elle enveloppera la Sainte-Alliance de toute part.

Si l'Espagne est momentanément enchaînée, il faudra laisser quatre cent mille hommes sur son sol pour l'occuper militairement ; il faudra remplacer par de nouvelles levées les troupes dont on dégarnira l'intérieur des états ; il faudra d'autres levées encore pour remplacer les soldats étrangers que dévoreront le climat de l'Espagne et l'interminable guerre de partisans ; il faudra enfin des augmentations d'impôts pour solder cet accroissement de forces militaires, ou subvenir à l'intérêt des emprunts qu'elles nécessiteront, car l'Espagne n'est pas assez riche pour payer les frais de la guerre, ni même pour faire subsister des armées étrangères.

L'épuisement des peuples, occasioné par cette guerre, contribuerait sans doute à augmenter outre mesure leur mécontentement.

Cet aperçu exact de ce qui arriverait a la Sainte-Alliance, dans le cas qui lui serait le plus favorable, n'est pas de nature, ce nous semble, à donner de grandes espérances *aux bandes de la foi*, et à tous les contre-révolutionnaires de l'Espagne et de l'Europe.

§ III.

De la Grèce.

La question de la Grèce se rattache à de hauts intérêts politiques, sur lesquels il est necessaire de fixer un peu notre attention.

Depuis que la chute de Napoléon a livré l'Europe à la rivalité de l'Angleterre et de la Russie, deux préjugés, aussi peu fondés l'un que l'autre, se sont généralement accrédités : on s'exagère beaucoup trop la prépondérance et les moyens d'action de la Russie; on atténue beaucoup trop les forces et les ressources de l'Angleterre.

A la nouvelle des mésintelligences du divan et du cabinet de Saint-Pétersbourg, un cri d'allarme s'est élevé, et, sur la foi de quelques diplomates, on a répété comme un axiome incontestable que *si les Russes s'emparaient de Constantinople, il n'y aurait plus d'Europe.*

Sans examiner si la conquête de Constantinople serait pour Alexandre une chose aussi aisée qu'on l'imagine communément, il ne serait pas impossible de démontrer que l'empire russe, très-pourvu d'armées, mais assez dépourvu de numéraire et d'industrie, n'obtiendrait pas, même après la prise de Constantinople, une très-grande influence continentale et que d'ailleurs, Contantinople, Varsovie, Moscou et Saint-Pétersbourg, ne sauraient rester long-temps sous un seul sceptre, et se répartiraient d'eux-mêmes entre deux ou trois royaumes.

L'Angleterre, au contraire, que beaucoup de personnes nous présentent à la veille d'une ruine totale, jouit d'une prospérité extrême, malgré la grande concentration des propriétés foncières, la taxe des pauvres et l'énormité des impôts ; comme les dépenses de l'état sont inférieures à la quotité des revenus, le fonds d'amortissement qui en résulte préviendra longtemps encore cette banqueroute que l'on suppose imminente ; et les échecs que le commerce anglais pourrait recevoir dans quelques contrées et sur quelques mers, sont d'avance plus que compensés par les débouchés immenses que vient d'ouvrir aux produits manufacturés de la Grande-Bretagne, l'émancipation de l'Amérique méridionale.

Toutefois, il est naturel que l'Angleterre cherche à conserver autant que possible, en toute propriété, le commerce de la Méditerranée, et que tout agrandissement éventuel de la Russie dans le midi de l'Europe, soit de nature à exciter plus vivement et plus raisonnablement la sollicitude de l'Angleterre que celle du continent.

La politique russe ne saurait renoncer pour toujours à la possession de la Turquie ; la conquête de Constantinople serait son but, l'émancipation des Grecs son prétexte ; il faut donc que l'Angleterre empêche le cabinet russe d'accomplir son but en lui enlevant le prétexte; il faut que ce soit elle qui opère l'émancipation des Grecs, et que par là, elle s'assure à jamais le monopole du commerce de la Méditerranée, dont la Russie désire s'emparer.

D'un autre côté, l'Angleterre est trop l'alliée du divan pour vouloir arriver à l'affranchissement de la Grèce, par l'expulsion des Turcs du territoire européen.

Le cabinet de Saint-James n'a d'autre moyen de concilier son intérêt commercial et ses affections pour la Porte, que d'obtenir de celle-ci, pour l'établissement d'une république fédérative grecque, l'indépendance de la Morée et des îles de l'archipel.

Or, plusieurs indices portent à croire que telle est en effet l'intention du cabinet anglais.

(28)

Ce serait une chose assez singulière que de voir
le gouvernement aristocratique de l'Angleterre
favoriser l'établissement d'une république démo-
cratique; toutefois cet évènement n'aurait rien
qui dût surprendre, et cette contradiction politique ne serait qu'apparente.

L'aristocratie anglaise a un mode d'existence
qui lui est particulier, et son intérêt lui pres-
crit souvent des mesures qui choquent les principes des aristocraties de Terre-Ferme.

Elle possède la très-majeure partie du sol des
Trois-Royaumes, et comme ses préjugés ne l'é-
loignent point des professions industrielles et
commerciales, elle possède, en outre, une
grande portion des richesses mobilières; de sorte
que presque toute la nation qu'elle administre,
vit de l'intérêt ou du capital des économies ac-
cumulées par le travail, ou du loyer du travail, ou de la taxe des pauvres.

Pour que la taxe des pauvres ne s'élève pas à
un taux exhorbitant, et que les moyens d'existence de cette multitude de prolétaires et de presque prolétaires ne viennent pas à lui manquer,
il est nécessaire que l'aristocratie anglaise trouve
sans cesse de nouveaux emplois aux bras inactifs,
et que sans cesse elle ouvre de nouveaux débouchés aux produits des fabriques et des ateliers.

Ceci explique comment le gouvernement de la Grande-Bretagne, à la grande surprise des aristo-crates du continent, ne désire point la guerre d'Espagne , s'apprête à reconnaître l'indépen-dance des colonies américaines soulevées contre leurs métropoles, et pour comble de scandale , contribuera probablement à élever dans la Médi-terranée des États-Unis européens.

Au surplus, que l'Angleterre prenne ou ne prenne point parti dans la cause des Grecs, tou-jours est-il probable qu'ils ont peu de chose à espé-rer de la Russie dans les circonstances actuelles.

Si les Grecs avaient demandé un despote à la Russie, s'ils n'avaient point prononcé les mots de liberté et de constitution, la Russie se serait sans hesitation intéressée à leur sort.

Mais d'après les principes qui ont dirigé jus-qu'ici les cabinets du continent, nul membre de la Sainte-Alliance ne s'intéressera à un peuple qui désire être libre.

Tant que la Sainte-Alliance sera sous l'in-fluence du parti qui veut la guerre d'Espagne, elle ne saurait faire la moindre démarche en fa-veur des Grecs, soit par voie d'hostilité, soit même de négociation.

Puissent les cabinets adopter bientôt d'autres

principes! Puissent-ils, au congrès de Vérone, sentir la nécessité de répudier le parti qui les asservit et qui les perd! Puissent-ils éviter ainsi des catastrophes et des bouleversemens politiques qui, du moins par leurs effets immédiats, seraient aussi funestes aux peuples qu'aux trônes!

S'ils transigent avec l'opinion en Allemagne et en Italie, s'ils laissent l'Espagne tranquille, s'ils prêtent à la Grèce leur appui, ils auront affermi leur puissance, car ils auront écouté les vœux de l'humanité et les conseils de la raison.

RÉSUMÉ.

La révolution européenne est une conséquence et un besoin de l'état actuel de la société.

La contre-révolution opérée par Napoléon, rétrograde chaque jour.

La Sainte-Alliance va directement contre son but; ses efforts n'ont rien produit; elle n'a rien prévenu, rien prévu.

Ainsi que la révolution générale de l'Europe, la révolution d'Espagne est en ascendance : on peut la tourmenter; l'ensanglanter, peut-être la comprimer; on ne saurait l'anéantir; et, dans un avenir prochain, elle briserait tous les obsta-cles et dévorerait tous ses ennemis.

Les destinées de la Grèce sont liées d'une ma-nière intime à la rivalité de l'Angleterre et de la Russie.

Dans l'état présent de cette rivalité et d'après les doctrines qui président à la politique de la Sainte-Alliance, les Grecs ne paraissent avoir de secours à espérer que d'eux-mêmes et de l'An-gleterre.

FIN.

NOTE

sur la page 10.

En disant que les progrès de la richesse publique ont amené le règne de la liberté, nous aurons choqué les préjugés des personnes qui vont répétant qu'il n'y a pas de liberté possible chez un peuple riche.

Il n'en est pas moins vrai que les richesses ont été le grand instrument de l'affranchissement de l'Europe moderne ; et que, sans leur secours, l'organisation féodale subsisterait encore dans toute sa force.

On ne saurait trop le redire : ce n'est pas l'augmentation de l'aisance générale, c'est tantôt la trop inégale répartition des richesses, et tantôt les budjets excessifs, qui détruisent ou compromettent la liberté.

La concentration des richesses nationales en un petit nombre de mains, amène infailliblement l'oppression de la majorité des citoyens par les familles riches ; et dans certains pays prétendus libres, elle amène en outre la vénalité des suffrages populaires, comme il arrivait autrefois à Rome, comme cela se voit en Angleterre.

D'un autre côté, tant que les dépenses publiques ne sont pas réduites au taux strictement nécessaire, le pouvoir aura de grands moyens de despotisme, soit en se créant, à prix d'or, une multitude de créatures et satellites, soit en établissant la corruption parlementaire, soit en tenant sur pied, pendant la paix comme pendant la guerre, de trop fortes armées.

Hors de ces vérités, on ne peut rien affirmer de raisonnable sur les rapports de la richesse avec la liberté.

www.ingramcontent.com/pod-product-compliance
Lightning Source LLC
Chambersburg PA
CBHW051405050726

47595CB00006B/2709